익어 가는 시간이 환하다

익어 가는 시간이 환하다

김미승 시집

문학들

시인의 말

또, 거미줄만 친 건 아닌지

미안하다, 시에게

언제쯤

튼실한

집 한 채 앉혀 줄 수 있을까

이 송구함을 거름 삼아 다시,

집 지을 나무를 심어야겠다.

2014년 겨울
김미승

차례

5 시인의 말

제1부

11 짐
12 물렁물렁한 길
14 너는 모딜리아니 풍으로, 나는 달리 풍으로
16 빅 피쉬
18 내 핸드백 속의 새 한 마리
20 해바라기 고해성사
22 꼬라지가 닮았다
24 절정
26 적과의 동침
28 집에 지렁이가 계신다
30 패턴에 대하여
32 화해는 정말 화— 해
34 누가 울면 따라 우는 일이 잦아졌다
36 그 익어 가는 시간이 환하다
38 오메, 단풍들겄네
40 알리바이, 그 무대의 안쪽
42 쌈 싸 먹을 시
44 모래 여자

제2부

49 백중사리
50 늪, 견고한 성
52 자전거 위의 생
54 여섯 시 오 분 전이 여섯 시보다 정확하다
56 호박 넝쿨
58 아버지
60 슬픈 사랑
62 기울어진 잠
63 꽃무릇
64 질러가는 길이 더 멀다
66 사릅교향곡
68 어떤 충고
69 당신의 뒤
70 못갖춘마디 사랑법
72 강물의 칸타타
74 겨울 모자이크
76 접속

제3부

81 불립문자를 읽다
82 거대한 침묵
84 아수라를 대면하다
85 터닝 포인트
86 매춘의 날들
88 나의 살던 고향은 키클롭스의 섬
90 꽈리달을 불다
92 어떤 순장
93 바람의 거처
94 대형할인마트에서
95 덩굴손 경전
96 바람의 제국
98 피어라, 흉터
100 취하다
102 상처꽃이 피었습니다
104 명옥헌 엘레지
105 등으로 오는 사람

106 **해설** 소리의 초유初乳/初有를 향한 시적 모색 _ 고진하

제1부

짐

옷장을 정리하다 보니
버릴 옷들이 수북하다 늘어지고 색 바랜
헐렁해진 이력들이 한 짐이다
삶이 짐 투성이었는지 짐이 삶의 중력이었는지
한풀 꺾인 열기가 감나무 잎사귀로 숨어드는
가을, 비울 일로 가득한
아침 식탁처럼 별 그럴 만한 것도 없이 수고로운 날들
무얼 어쩌겠다고 이 많은 허물 껴입었는지
터질 듯 부풀어 오르던 내 청춘의 꽉 낀 사이즈와
유행과 고집이 시소를 타던 사색의 시절
그 격렬했던 입씨름들
망울망울 보풀 져 있다 할 말 참 많다는 듯
나는 또 갈팡질팡이다,
무언가 내려놓는 일이 아직 수월치 않다
물색 빠진 저울질 다 끝났나 싶었는데
부려야 할 짐과 다시 지고 갈 짐 사이에서
창밖의 감나무 잎사귀도 궁리 중인지
움켜쥔 손가락에 핏줄이 섰다

물렁물렁한 길

갯고둥 한 마리
개펄 위를 기어간다
협곡을 지나 웅덩이를 지나
생의 포물선 그리며 간다
무어라 무어라
제 몸의 무늬를 닮은
바다의 말 잔뜩 풀어놓는다

저만치
무엇이든 삼켜 버릴 아가리를 벌리고
수천의 다리로 말달려 오는 파도
까무러칠 높이로 내동댕이쳐도

무서운 건 파도의 습격이 아니라
가도 가도 뻘밭인 천지간,
젖은 것들의 젖은 세상이라고
갈매기 한 마리 획, 밑줄을 긋고 간다

뻘밭 위를 기어 본 것들은 알지
거대한 수렁 발목 빠뜨리지 않고 건너는 법
온몸이 눈이 되어 버린 것들은 알지
수평선은 하늘과만 맞닿은 게 아니라는 걸
박박 기다 보면 알게 되지

너는 모딜리아니 풍으로, 나는 달리 풍으로

별 볼 일 없이 질질 끌고 가는
드라마를 보는데 갑자기
화면이 일그러진다, 모딜리아니 풍으로
길쭉해진 여자와 남자가 심각하게 각을 세우더니
이내 달리 풍으로 흐물흐물 주저앉는다
실어증이라도 걸린 듯 대사가 끊겼다 이어진다
갑자기 드라마가 생생해진다, 남의 일처럼
드잡이로 꼬이는 내막이 흥미로워질 무렵
어떤 배역이 호된 담금질을 당하는지
치지직, 화면 속이 오리무중이다
……암전,

암전 속으로 사라진
몇 개의 기억들이 파들거리다
드라마는 다시 극劇적이다
그때 은밀하고 날렵하게 지나가는 자막 한 줄
'방송 상태가 고르지 못함을 사과드립니다.'
순식간에 해치운 게릴라전처럼

네가 떠나던 날도
아주 잠깐,
주파수가 어긋났을 뿐이라는군
너는 모딜리아니 풍으로, 나는 달리 풍으로

빅 피쉬

휘둥그레 박제된 멸치의 눈
죽음을 엿본 경악의 순간일까
유영의 환상에 입 벌어진 순간일까

그러거나 말거나
머리 떼고 똥 떼고 나면
고분고분해져
멸치는 밑반찬으로 제격이다

머리 따로 마음 따로
간 쓸개 빼놓고 살아온 지 오래
누군가의 밑반찬이 되기 위해
꼬들꼬들 말려진
비린 생이여

나는 바다가 지척인데
바다를 찾을 수 없다

머리 떼이고
오장육보 다 내놓고서야
만져지는 바다!

내 핸드백 속의 새 한 마리

내 핸드백 속에는
새 한 마리 살고 있다 덜그럭덜그럭
하루도 조용할 날이 없다
틈만 나면 드잡이를 하다 아침 해장국
궁시렁궁시렁 끓여 내는 내 어머니처럼
허구한 날 불안을 경영한다

에라, 멀리 날아가 버려라
지퍼를 열어 줘도 날아가지 않는다
깃털 숭덩숭덩 뽑히면서도
핸드백을 벗어날 줄 모른다
그곳이 유일한 정처라도 되는 듯

이따금, 핸드백 속의 새는 노래한다
쇠 된 목청 돋우어
먼지 뒤집어쓴 꿈 높이 뽑아 올린다
고장 난 유행가 CD처럼 튀는
겁대가리 없이

새를 빙자한
내 핸드백 속 새 한 마리
묵직하다

해바라기 고해성사

흐린 날입니다 다행히
구걸에 길들여진 목을 이제 내려놓아도 좋으니
모쪼록 고해성사의 시간입니다
지빠귀의 들판에서 들려오는 기침 소리에
당신이 가까이 오신 줄을 알았습니다

당신의 발자국 소리에
내 몸에선 돌쩌귀의 노란 귀가 돋고
부르튼 입술이 피어났습니다 주절주절
검은 입방아만 형벌처럼 여물었습니다

허구한 날 곁방 하나 내지 못하고
나 홀로 꺽꺽 하늘을 탐한 죄
그 하늘 조각조각 이어 붙인 죄

옛날의 내 아버지를 다 용서하지 못했는데
내가 다시 그 아버지를 낳은 죄

용서할 수 있겠는지요

기도가 약효를 발했는지
발가락부터 썩기 시작합니다
심장까지 다 그을리려면 얼마를 더 버텨야 할지
이런 깜냥으로도 아직 꼿꼿한 저를

용서해 주셔야 해요!

이제 그만 당신을 낳아 드릴게요
믿어 주세요 제발!

꼬라지가 닮았다

바쁘다는 핑계로 술자리를 거부하는 내게
술 취한 지인이 악담을 퍼부었다
개 같은 인생 살지 말라고,
악담 아닌 농담이었겠으나
온밤 내 귓가에 개소리 자자했다
전생에서인 듯
커엉 커엉 커엉……

달랑 몇 뼘 안 되는 밥줄로
내 목을 감았다 풀었다 하는 세상에게
캉캉캉, 이빨 세워 한 번 달려들지도 못하고
내 밥줄 놓아 버리면 어떡하나
안락한 개집에서 내쫓기면 어떡하나
전전긍긍하다

시도 때도 없이 걷어차이면서도
살랑살랑 알랑방귀 흔들어 대며
발바닥이나 핥다가

밤이면 아사달의 무용탑을 꿈꾸며
우우, 늑대 울음을 울어대다
아침이면 허겁지겁 밥그릇이나 핥는
개 같은 인생?
살지 말라고?

절정

한쪽 날개가 꺾였으니
사람 조심 돈 조심하라고 내게
신년 당부를 전하는 어머니는
접신한 무당 같다

독한 흔적만 잔뜩 퍼뜨리고 가 버린
장마 뒤 소독차 같은 사랑은 가고, 가는 것이고
돈 조심은 돌 조심으로나 건성으로 들려
언제부터 내가 새였더냐
괜히 어깃장이나 놓다가

날개 꺾인 것들이 모여 사는
이곳은 바닥, 날개 대신 두 발을 형벌로 받았지
그러니까, 제 아무리 크낙한 날개를 가진 새라도
나보다 더 오래 달리진 못하지

저 봐,
하늘 길도 바리케이드 투성인지

바닥을 향해 곤두박질하는
새대가리들 툭, 툭

그것 봐, 절정은
날개 돋친 클라이맥스가 아니라
하늘을 꼬나보며
발이 안 보이게 내달리는
바로 여기,

적과의 동침

며칠째 재채기와 콧물이 공방전을 벌인다
봄의 습격이다
암만 생각해도 꽃을 탐한 죄밖에
그 무슨 불온한 바람을 만난 적도 없는데
눈물 콧물이 쏟아진다
꽃가루 알레르기성 비염, 이라고
이비인후과 의시는 별일 아니라는 듯 처방을 내린다

'불효자식 하나 뒀다 생각하세요.'

안을 수도 버릴 수도 없으니 평생 데리고 살라고
이 비통한 현실을 희극적으로 말한다

잠잠하다 환절기만 되면 도지는
몸의 반란이다!
모든 반란의 뿌리는 깊다
'너는 나처럼 살지 마라' 는
어머니들의 헛된 거짓말처럼

의사는 내게 비염계엄령을 선포한다
꽃을 꽃이라 보지 말 것
함부로 꽃향기를 탐하는 것은
신체보안법에 위배된다고 엄중히 경고한다
거부할 수 없는 처방에
목구멍까지 부어오른다

집에 지렁이가 계신다

아파트 베란다를 청소하다
오랫동안 한자리에 놓인 고무나무 화분을
양지쪽으로 옮기려는데 헉,
화분 밑에 지렁이 몇 마리
붉은 몸을 뒤틀고 있다, 갑작스런 빛의 세례에 살을
덴
제가 놀란 건지 내가 놀란 건지
아파트가 잠깐 기우뚱한다, 고작 지렁이 때문에
온몸의 솜털 하나까지 오소소 일어선다
얼른 화분을 제자리에 놓고
그까짓 미물에 혼쭐난 것이 민망하여
나는 애먼 베란다 바닥만 박박 문질러 대다
온몸이 눈이 되어,
세상은 새로이 소란해지고 깊어진다
가늘고 기름한 그것은 시시각각
개수대 옆 파김치 가닥으로
책갈피 속 볼펜으로, 늘어진 운동화 끈으로
펄펄 살아 움직인다! 설마,

살 떨리는 생의 환각을 구축한 셈인가
나도 모르게 이 실랑이가 좋아져
이 미혹이 좋아져
받들어!
눈 딱 감고 모시기로 했다
집에 지렁이가 사신다

패턴에 대하여

1

‘어울림’ 이란 이름을 단 아파트 앞에서
나는 왜 거미를 떠올렸을까
평생 거미줄만 치다
한 채의 집도 짓지 못하고
스스로 수인의 방에 갇혀 버린
아하, 저곳은 거미들의 집
평생 똑같은 패턴으로
내장된 기억만을 뜯어먹고 사는
거미남자
거미여자

2

거미남자의 해먹 위에서
루소의 「잠자는 집시」 여인을 생각한다

달랑 만돌린 하나 옆에 끼고
사막에서 노숙하는 맨발의 집시 여인
그 곁에 사자 한 마리!
호시탐탐 잠든 집시 여인의 숨결을 애무하는
거친 날것의 숨소리
팽팽하게, 사막의 밤을 당긴다
이 낯선 조합이 어떻게 어울리는지
설명할 필요는 없다

사자 한 마리 데리고
사막을 살고 싶은

화해는 정말 화– 해

뜨거운 국물을 퍼먹다
입천장이 홀랑 벗겨졌다
처음 있는 일도 아니지만
자주 뜨거운 것에 입 데이다 보니
입이 주둥이가 되는 일 잦다
무슨 허기 들린 기다림 하나 있어
늘 후루룩대는 마음인가
나보다 먼저 나를 뛰쳐나가는
상처투성이 짐승 한 마리,
들이대고 싶은 마음 하나 있다는 게지
그 화근에 불 댕기는 일로
시도 때도 없이
뜨건 날들이여

먼 시간의 뒤안길 어디쯤
나는 또 그 불화살 겨누고 있을까

봄 꽃나무들

입천장 다 벗겨지도록
꽃순 밀어 올리고 있다

누가 울면 따라 우는 일이 잦아졌다

또 운다, 드라마를 보다
우는 나를 딸아이가 흘끔거린다
눈물 속으로 딸아이의 얼굴이 슬퍼 보인다
딸아이를 보며 운다, 울다 보니
온 세상이 다 슬퍼져 서러워져
운다, 드라마를 보며
세상에 없는 독한 년이라고 길길이 삿대질했던 여잔데
내가 저 여자를 왜 우나,
착한 주인공을 그악스럽게 해코지하다
음모가 들통 나자 변명하며 우는데
내가 나를 서럽게 변명하며 운다
저 여자도 나인가
개념도 없이 흐르는 이 눈물은
분별이 없다, 그냥 따라 운다 하 참
내 눈물의 정체를 알 수가 없다
살다보니 내 일 아닌 것이 없다

사는 일은 사력을 다해 우는 일
바람은 나뭇잎을 울고, 벌 나비는 꽃을 울고
구름은 비를 울고,
나는 너를 울 일밖에

그 익어 가는 시간이 환하다

아파트 경로당 앞 만개한 벚꽃 아래
손자를 둘러업은 노파 한 분
그 꽃 쳐다보고 섰다

일없이 호물호물 웃는 노파
눈언저리에 사려 깊게 피어나는
주름 꽃 만개한 얼굴 위로
몇 생이 가고 온다

꽃그늘 아래
꽃과 잎의 거리만큼 상사하며
초로의 아낙이 씩씩대며 지나가고
삐딱구두 아가씨 먼 데 눈 맞추며 가고
단발머리 여학생이 숨차게 달리는

그 익어 가는 시간이 환하다

등에 업힌 아이가 칭얼대자

풀어헤쳐진 기억들 추켜올리고
부랴부랴 시절을 업고 간다
꽃잎들 하르르 하르르 쏟아진다

오메, 단풍들겄네

고구마를 캐다가 티격태격
앵돌아앉은 두 양반,
반백 년 뺏고 빼앗긴 고지탈환전이
여적지 진행 중이어서
밭고랑 양끝에 탄환처럼 매달려
귀신 씻나락 까먹는 공방전이다
구 년 묵은 내력 펴 올리며 어머니는
애꿎은 밭고랑만 찍어 대고,
막걸리 사발에 불콰해진 아버지는
험험 밭머리만 맴돈다
무슨 씨앗이며 모종이며
절기마다 심어 댄 생의 밭, 고랑이 깊다
또 무슨 일로 핏대를 올리는지
당최 실마리를 찾을 수 없다
서산에서 노을노을 바라보던 해가
허 참, 궁둥이를 털며 일어서는데
–요것은 왜 이 모냥으로 생겼다냐?
어머니는 울퉁불퉁 못난 고구마를 째려보고

–꼭 누구 성질머리 맹키로 생겼구먼!
아버지는 한 코라도 놓칠세라 응사를 한다
둔덕의 머리 쉰 억새들 무슨 구경났다고
목 길게 늘여 빼고 키득거리는 저물녘
어머니의 구 년 묵은 타령
밭고랑을 넘어가고, 아뿔싸 그 입심에
크고 알찬 놈이 호미날에 찍히고 만다
–오메, 으짰그나! 저놈의 영감탱이 땜시
어머니의 호들갑에 아버지가 벌처럼 날아간다
–왜 그랴, 어디 다쳤는감?
어머니의 손을 급히 들여다보는 아버지,
서녘 하늘이 밀감빛으로 번진다

알리바이, 그 무대의 안쪽

자신 있는 요리가 뭐냐 물으면
태반의 여자들은 김치찌개라고 하지
그 무슨 내세울 만한 게 없어서가 아니라
만만한 걸 믿어 보는 거지
제아무리 뒤집어져 봐야
김치찌개는 김치찌개지
세상에 할 줄 아는 게 고작 그뿐이냐 말하려다
아, 나도 김치찌개 좋아해요
짐짓 속내 감추고 만만하게 너스레를 떨었나

웃자란 사랑은 거추장스러워,
풋내 나는 겉절이의 시간일랑
푹, 고독으로 발효시키라구

남자의 말에 여자는 맹세하지
오늘도 내일도 김치찌개를 끓이는 일
당신을 향한 끝나지 않을 수절이라고

길들여진 사랑은 이제 신물 나
좀 낯설어질 수 없어?

언제부턴가 남자는 낯선 체위를 요구하기 시작했지
낯선 김치를 찾아 여자는
한 겹 한 겹 바다를 껴입었지
살점 죄다 발라 내고 헐떡이는
횟감의 눈동자에 어린 적요처럼
고독을 더듬으며, 내 생의 알리바이

쌈 싸 먹을 시

할머니는 말씀하시곤 했네 예언처럼
상추쌈 좋아하면 가난하게 산다, 여적지
상추쌈 좋아하는 나는
누굴 위해 상다리 휘어지게 마음 차려 준 적 없으니
그 말 딱 맞아떨어졌을까

삶이 무슨 밤보따리처럼 몇 가지 품목으로
서둘러 요약되는 것도 아닌데
날마다 쌈 싸 먹을 일 투성이네
풋내 진동하는 염천의 밥상머리

나라님만 잡쉈다는 하늘의 채소인 천정채가
왜 내가 먹으면 가난이 되는지
속 아리는 매운 그 말
쌈 싸서 삼켜 버리곤 했는데

지천명에도 푸른 고집으로
몇 평의 남새밭이나 일구고 있으니

할머니 호사스런 그 예언 딱 맞아떨어졌나

가난한 말 쌈 싸 먹는 시인이라니!

모래 여자

여자를 찾아냈다
오랫동안 실종되었던 그녀,
천 년의 형벌을 받고 바위에 눌린 괴물처럼
장롱 밑바닥에 깔려
무너진 수평을 버티고 있었다
사진 속의 그녀는

어느 날
열사의 바람이 불어닥치고
그녀의 세상은 푸석푸석 말라 갔다
모래바람이 그녀의 입을 틀어막고
음부를 틀어막았다
젖꼭지에서 모래가 흘러내렸다
그녀는 서서히 풍화되기 시작했다

자궁을 적출한 그 여자
모래 시간 속에서
모래 아이를 낳고

……건재했다

제2부

백중사리

어느 처녀의 순결이 담금질을 당하는지
무릎사리,
배꼽사리,
가슴사리 지나
달빛 장황하게 풀어진다

시뻘건 숯덩이를 삼키고 벙어리가 된
바다, 속살 다 드러난 아홉 물의 갈피마다
신음인 듯 비명인 듯
원시의 시간이 숨차게 일렁인다

달을 품으려는 바다
바다를 품으려는 달

저만큼이었을까
너의 부름과 나의 부름이 만난 곳

늪, 견고한 성

저것은 꽉 다문 입속이다
영산강 옆구리에 곁방으로 붙어 있는
작은 늪지, 겨울 한파에 얼어 있다

어느 해 홍수 난 사랑이 만들어 놓았나
한눈팔다 낳아 온 자식처럼
본류에 합류하지 못한 불온한 강의 새끼들
춥고 마른 날들이 마블링 되었다

헛된 것들의 발걸음을 허락하지 않겠다고
젖은 쪽으로 그어 버린 운명의 칼날
늪의 언저리가 꿰맨 자국처럼 비장하다

총채를 닮은 갈대꽃 무리,
저희끼리 흔들리며 춤추며
더 갈 데가 없는 눈빛을
늪의 발부리 쪽으로 떨구고 있다

폭주족 단속에 인터뷰를 하는
한 소년의 입속에서 튀어나오는
저 늪은,
슬픔이 구축되는 방식이다

자전거 위의 생

초등학교 때 타 보고 삼십여 년 만에 타 보는
자전거, 두려움과 환희의 두 바퀴가
아슬아슬 굴러간다, 이 익숙한 불안
왠지 처음 당한 일만은 아닌 것 같아
한 번 배우면 잊어버리지 못하는 기억은

모태 시절, 양수 위에 부표처럼 떠서 나는
예측할 수 없는 풍랑으로부터
중심 잡는 요령부터 터득해야 했겠다
엄마가 옆으로 누우면, 나는 절벽에 매달리고
엄마가 배를 잔뜩 구기고 앉으면
나는 머리통 들이대며 두 발로 퍽퍽
죽다 살았겠다 진땀 꽤나 흘렸겠다

목숨 줄은 다 그렇지
한 치 앞의 어둠에도 오싹 소름 돋는 거
사는 동안 내가 한 일이란 그때나 지금이나
중심 하나 제대로 못 잡는다는 사실,

앞서거니 뒤서거니 시간의 바퀴살에 끼여
거꾸러지다 진창에 처박히다
자전거 하나 쌩쌩 타지 못했다는
이렇듯 명료한 함축이라니!

여섯 시 오 분 전이 여섯 시보다 정확하다

중학교 2학년 때 '여섯 시 오 분 전'이란 별명을 가진 역사 선생님이 계셨다. 고개를 오른쪽으로 딱 오 분만큼 갸우뚱했던 그는, 역사관도 갸우뚱했는지 곧잘 역사 아닌 '야사'를 가르쳐 주곤 했는데, 이유 없이 삐딱하고 싶은 우리랑 각도가 잘 맞았다. 그와 우린 독립운동이라도 한 것마냥 은밀하게 눈빛을 주고받았던가. 벙어리 냉가슴 앓듯 '여섯 시 오 분 전'은 겹겹의 장막에 가려진 역사를 잠자리 속날개만큼 까발려 주었을 뿐인데, '여섯 시 오 분 전'이 보여준 세상은 훨씬 리얼하고 그럴싸했다 몇몇 아이들은 마음속에 짱돌을 숨겼을까, 나는 교과서 아래 안나 카레니나를 숨기고 사랑과 불륜의 차이를 고민했다 세상이 훨씬 리얼해졌다

어느 날 역사시간이 자습으로 메워지더니, '여섯 시 오 분 전'은 사라지고 뒷담만 낭자했다. 민생고를 위해 학원가로 진출했다느니, 어딘가로 끌려가 입지짐을 당한 뒤 쫓겨났다느니, 소문만 갸우뚱 교문을 들락거렸다 그러나 우린 이미 앞뒤를 배열할 줄 알았다 어느 것이

역사고 어느 것이 야사인지 오른쪽으로 기울어져 보이는 건 왼쪽으로 기울어진 것이라는 걸, '여섯 시 오 분 전' 은 '여섯 시 오 분' 이라는 걸, 우린 알아 버렸다

세상의 어처구니를 그때 처음 알았다.

호박 넝쿨

암만 이짝으로 돌려세워도
한사코 길갓으로만 가려는 것이
꼭 느그들맹키로 황소고집이어야
손 타기 시작하믄
여물기도 전에 꼭지 떨어지기 십상인디
발소리 나는 쪽으로만 귀를 쫑긋 세우는 것이
이것들도 세상이 궁금헌 모양이여
노끈으로 울을 쳐 주었는디
별스럽지야, 통 줄을 감지 않는 거여
허기사, 숨탄것들치고 왜 멀리 가고 잡지 않겄냐
애리디 애린 것들 박토에서 박박 기는 게 짠해서
무시로 흙가슴만 갈구어 대는구먼
유난히 낯가림이 심헌 내 새끼들
느그들 객지에서 어찌께 살고 있냐
그래도, 먼저 뻗어 나간 놈이 자리 잡고
큼직한 호박꽃 훤언허게 피우는 거 보믄
눈물이 나는구먼, 장허다 참말로
쪼깨만 참어라잉 다 괜찮아질 것잉께

우짜든지 끼니 거르지 말고
살다 보믄 다 옛말 할 적 있을 것잉께

아버지

베란다에 놓인 알로에 화분
까칠한 성깔 툭툭 들이대다
날갯죽지 거세당하기 일쑤였다

고무나무, 관음죽, 산호초 군상들과
한 지붕 아래서 한솥밥 먹는 일
수월치 않아 그는 늘 혼자였다

한 겹 벗겨 놓고 보면
야들야들한 속내 얼비칠 때 있지만
태생은 어쩌지 못해
관상수로 살아온 뾰족한 시간들
불에 덴 화상 자국처럼
그의 증명은 남루하지만

자신을 쏙 빼닮은 뾰족한 새순
알처럼 품고 있어
아직은 베란다 한 귀퉁이를 호령하고 있다

어머니와 말다툼 끝에 이혼을 들먹이는
간 큰 아버지는

슬픈 사랑

어느 날 그가 왔던 쪽에서
부스럼 딱지 같은 봄이 불어왔어요,
상처는 상처끼리만 좋아해
삽시간에 온 생이 감염되고 말았지요

오래도록 그가 낸 구멍에서
빼빼 마른 겨울이 징징거렸어요

그가 내게 와
목까지 차오른 세상의 독기
울컥울컥 쏟아낼 때마다
내 가난한 마음 자주 범람하여
쓸데없이 곁뿌리 내밀기도 했지만요

한 번도 나를 들여다본 적 없는 그는
성마른 고백만 잦더니
어느 날 자기를 쏙 빼닮아 가는 날 보고
기겁해 떠나고 말았죠

아무래도 너무 늦은 이야기지만
그거 아세요? 누군가를 지독히 사랑한다는 거
사실은, 그의 생기 다 뽑아
내 유목의 게르 한 채 지으려는
생의 은밀한 모의라는 거

기울어진 잠

십수 년 한자리에서 과일 노점을 하는
노부부, 또 자울 거리시네
자정 근처 한여름 밤
슬하에 층층 수박, 참외 쌓아 놓고
당최 손님 맞을 염사 없으시네
지아비는 지어미 쪽으로 자울자울
지어미는 지아비 쪽으로 자울자울
저렇게 기울어지고 기울어지다
퍽, 빅뱅의 순간이라도 와야 쳐다보시려나
노부부의 서로에게 기울어진 잠
각자의 중력만큼만 허용되는지
여간해선 궤도를 이탈하는 법이 없네
주인 대신 알전구만 말똥말똥
노부부의 저 아슬아슬한 우주 쇼,
때마침 메리야스 바람으로 염천을 건너던
상현달이 함박웃음 쪽으로 기울어지는 것이었네

꽃무릇

설렘도 숨 가쁨도 사그라진 여름 끝자락
저 여자, 어쩌자고 앞가슴 풀어헤쳤나
긴 속눈썹 화르르 촉수 드리웠다

여자이면서 여자가 아닐 수 있는 나이라고?
꽃 시절 지났다고?
볼썽사납게 꽃대궁만 드높다고?

봄날의 기억만으로 전율하는 벌 나비야
거추장스런 초록일랑 저만치 벗어 두고
이 징헌 꽃불 다 스러질 때까지
훠이 훠이 몸 한번 풀어볼까?

저 여자, 속눈썹 꽃
여시여시 바람 자락을 당긴다

질러가는 길이 더 멀다

아파트 뒤쪽으로 난 비좁은 골목길
4차선 큰길까지 질러가는 지름길이다,
성마른 꿈을 밀어 가다
반신불수 된 젊은 남자의 걸음처럼 절뚝거리는
마을의 반을 아파트 부지로 내주고
방천 난 길,

마을에 든 도둑이 도망가지 못하게 밤새 제자리만 맴돌게 했다는
느티나무 전설 하나쯤 품고 있을 법한
싸목싸목 에둘러 흘러왔을 길목

시간은 엎어지고 얼크러져
입구와 출구가 화통하지 못해 수시로 변비를 앓는다
차 한 대 간신히 빠져나갈 운신으로
마주 오는 차와 맞닥뜨릴까 노심초사 하는
세상의 외나무다리, 섣부른 양보는 금물이다
들이대는 모퉁이마다 펄럭이는 경고의 흔적들

제 발목 자르지 못하고 말목도 자르지 못한
소심한 난봉꾼처럼 슬그머니,
나는 오늘도 지름길에 갇혀 바동거린다

사름교향곡

곤한 잠 속으로 리드미컬하게 흘러드는
어머니 쌀 씻어 안치는 소리,
새벽이 깨어나는 소리
목구멍이 열리는 소리
한 방에 얽혀 자고 있던 우리 사남매
어머니의 현란한 지휘에 맞춰
새벽을 연주하곤 했네
잠의 바다를 아다지오로 건너오는 둘째
울다 웃다 알레그로로 꿈과 생시를 자맥질하는 셋째
낮 울음의 끝자락이 밤새 도돌이표를 오가는 막내까지
엎치락뒤치락, 새벽 어스름 속에서
담배 연기 뻐끔뻐끔 악보를 그리는 아버지
우리는 사름교향곡을 연주했네
그 교향곡 슬그머니 담장을 넘어
윗집 아랫집 잠귀 죄다 열어 놓았나
골목 협연이 시작되면
까치발로 기웃대는 쌀뜨물 벼락을 맞은

모과나무 석류나무도
소리의 초유初乳 꿀떡꿀떡 삼키곤 하는 것이었네

어떤 충고

갓 발라 놓은 시멘트 길 위를

어린 발자국 두 개가 지나갔다

좋, 아, 라

바리케이드 넘어

엄중한 경고를 자근자근 밟으며

족적을 남겼다, 꽃잎 같은

삐뚤빼뚤 문장이 환하다

당신의 뒤

신축 건물 뒤 공터에
쓸모를 다한 잡동사니들
비 맞고 바람 맞은 채 널브러져 있다
재활용하기에는 너무 쇠한
낡은 소파에 걸터앉은 한 노인,
세월의 잔해 더듬고 있다
담배 한 대 참의 생애가 되감기는 동안
주름 계곡이 가파르다

한때는
지나는 해와 달도 불러 세워
근동 십 리 안팎으로 떠들썩 울바자를 쳤을
숯검댕이 눈썹, 저 등등한 콧날 너머로
수천 평 깔리는 회한이 미소
빈 수레에 가득하다
손끝을 타들어 가는 꽁초처럼
잦아드는,
저녁놀 아래
노인의 등이 물음표처럼 굽어 있다

못갖춘마디 사랑법

어느 시대 유물인지 못갖춘마디는
우리 어머니 아버지 사랑법이지요
누구에게 다가서는 일, 맘 보여주는 일
사삭스럽다고 아버지는
'무뚝뚝' 으로 명패를 삼으시고
막돌 대충 던져 만든 징검다리마냥
어머니께 들이대곤 했는데요
그러려니 하다가도 수틀리는 날이면
어머니 고구마 솥에 엎어진 대접처럼
궁시렁궁시렁 종일 끌텅을 앓곤 했지요
그럼 뭐하나, 다음 날이면
창호 문에 달빛 스미듯
헤프게 맘 열어 버리곤 했는데요
수백 수천 번을 낚이고도
또다시 그 미끼를 무는 운저리처럼
어머니는 아버지에게 만만한 밥이었지요
만만한 건 보기만 해도 배부르고 등따숩지요
만만한 밥인 어머니가 잠시만 보이지 않아도 아버지는

네 엄마 어디 갔냐, 언제 온다더냐
수시로 맘 들켜 주는 일, 평생
한 박자 늦거나 빨라서
못갖춘마디 사랑이지요

강물의 칸타타

어디로들 가시는가
앞만 보고 뛰어가는 강물 불러 세워
물수제비 몇 개로 악수를 청하더니
강의 허리 지긋이 주무르고 있다
물푸레나무를 닮은 초로의 사내

수고 많았네
사내의 어깨를 두드리며
은근한 풍류라도 즐기자는 건지
기슭을 치며 물의 음계를 연주하는
강물의 악사

강물 속에는
천 개의 목소리가 흐르고
사내의 얼굴 위로 강물이 흐른다

달팽이처럼 상념의 집을 지고 앉아
주거니 받거니

고독의 잔을 건네며
오래 강물을 들여다보고 있는 사내
수선화 한 송이 낚아 올리는 중이신가

겨울 모자이크

하나였다가 열이었다가
기러기 떼였다가, 한 무리의
일용근로자들 희끗희끗 붐빈다
진눈깨비 날리는 도심의 공터,
펄럭이는지 몸부림치는지
비둘기 몇 마리도 으슬으슬
시린 발가락 빈 가지 위를 서성인다

몇은 허리가 결리고 몇은 무릎이 시린
나무가 바르르 진저리를 친다
제 몸속에 물길을 가둔 겨울나무는
마음 가는 대로, 흘러가지 못한 시간의 옹이들이
강줄기를 닮았다
구부정 절뚝이는 풍경이 먹색이다

나는뿌리야나무가말했다나는줄기야나무가말했다

히말라야를 휘돌아 오는 맵찬 바람

이쯤에서 잠시 숨을 고르려는지
곱은 손가락 사이에 둥지를 튼다
조각난 것들이 모여 만들어 내는
겨울 모자이크,

접속

건물 옆 자투리땅 잡초 더미에서
콘크리트 벽을 타고 오르는 덩굴줄기
손 잡아 줄 손 하나 없는데
무시로 천 개의 손을 흔든다

저 당돌한 말 걸기,
천길만길이라도 가닿고 싶은
달이 풀어놓은 실꾸리처럼
날것의 고독이 깊다

그럴 때가 있지
너였구나, 으스러지게 껴안고
육십 촉 전등을 켜고 싶은
저녁 모서리 어디쯤,

무모한 고집이 길을 끌고 갈 때
제 몸이 사다리가 되어 갈 때
초록은 동색인 게지

벽도 넘고 보면 그리운 바닥이다

제3부

불립문자를 읽다

이른 아침 산책길에
풍뎅이 한 마리 뒤집어져 있다, 길이 끊겼다
개미들이 새까맣게 달라붙어
문상을 하는지 일용할 양식을 구하는지
묵묵히 제 할 일 하고 있다
다리, 날개, 가슴, 머리……
빠르게 무너져 내리는 풍뎅이의 주검 앞에서
돌아갈 길이 난코스다
저 주검은 자신의 죽음을 바라보고 있을까 생각하다
왜 장례식장 영정 사진들이 표정이 없는지
두꺼운 책 속에 꽂힌 책갈피처럼
문상객을 읽고 있는 것이라 생각하다
말끔하게 애도를 마치고 돌아가는 개미 행렬의
깨알처럼 써 내려 가는 불립문자를 보는 것인데,
아무렇지 않게
길은 다시 길을 불러내고
숲은 여전히 소란거릴 일로 바쁘다

거대한 침묵

1

해남 녹우당 앞
늙수그레한 은행나무 한 그루
거대한 날개를 접고
캄캄한 깊이로
서 있다
가,
갸,
거,
겨,
만연체로
내리는
녹우綠雨,
실꾸리 드리운
천 길 시간의 우물이 깊다

2

가족 면회가 끝난
요양원 유리문에 눈을 대고
우두커니 깊어 가는
한 노인의 아득한 눈빛
가
갸
거
겨……

녹우綠雨에 젖고 있다

아수라를 대면하다

화장을 지우다 문득
아수라와 마주친다, 두 얼굴의
오른쪽 반이 나인지 왼쪽의 반이 나인지
오늘도 나는 누구의 얼굴로 살다 왔나
대뜸 내 속으로 들어와
나를 조정하고 감시하는 아수라

하루 스물네 시간
모래알 같은 팔만 육천사백 초 중
나는 1초만이라도 고독해지고 싶다
일 년 삼백육십오 일
결박당한 붉은 동그라미 친 달력 속을 빠져나와
아수라를 벗어나고 싶다, 그 대가로
내 부끄러운 뿌리 하늘로 쳐들고
거꾸로 서서 소심하게 말라 가는
장승으로 서더라도
1초만, 온전히 고독해지고 싶다 나는

터닝 포인트

태풍에 쓰러진 소나무
뿌리 반쯤 뽑힌 채 애살스럽더니
오늘 산책길에 밑동만 남았다
미련이 잘려 나간 자리에
뎅겅, 마침표 하나

모든 마침표는 비장하다
더 갈 데가 없는 마음이 세우는
절벽!

그를 넘어뜨린 건 사나운 태풍이라지만
사실 바람 따위에 넘어질 그가 아니었다
스스로 제 뿌리를 거둔 것이다,
동반 자살한 나무들이 한두 그루가 아니다

유래 없는 소나무 고사라고 혀들을 찼다
그가 거둔 뿌리들이 땅 위로 불끈불끈 솟아올라
내 발목을 건다

매춘의 날들

전자레인지에 우유를 데우다
깜박깜박……
크로노스 아가리 속으로 소멸해 가는
1분어치의 생을 바라보는 것인데

우유 한 잔을 먹기 위해 1분을 팔고
식은 밥 한 그릇을 덥히기 위해 2분을 팔고
한 달 생활비를 위해 30일을 팔고
내년을 위해 올해를 팔고
팔고 팔아……
내 영혼은 소멸을 향해 박차를 가하나

문득, 생각건대
살기 위해 시간을 파는 것과
몸을 팔아 삶을 연명하는 매춘이
무슨 차이가 있나
어느 날엔가 한 치 앞의 죽음도 모른 채
여전히 생을 팔고 있을

소복단장한 삶이여

나의 살던 고향은 키클롭스의 섬

그 섬에는, 외눈박이 거인이 살고 있어
아침부터 저녁까지 칼을 갈고 있다지
섬을 찾아오는 손님에게 감사의 선물로
눈 하나를 뽑아 버린다지
쓸데없이 초점을 두 개로 분산하는 눈 따위
미개한 족속들의 유물이라며
요지경 외눈을 선물한다지

앉아서도 지구 끝까지 내다보고
절벽 아래 천 길도 가늠하는
키클롭스의 요지경

그 섬에 다녀온 사람들은 이구동성으로 말들 하지
커다란 외눈을 화들짝 치뜨고
뭐든 다 보여!

시간의 청룡열차를 타고
밤거리를 질주하는 젊은 연인들

운구차를 닮은 검은 승용차의 사내들
담장 밖을 서성이는 덩굴장미 여자들
모두, 그 섬에 가고 싶어 밤마다
제 피를 사발째 바치고 있다지

꽈리달을 불다

1

세상의 말로는 다 말해질 수 없는
말이 있지. 수만 번을 말해도
너에게 닿지 못하는
늘 혀끝에서 참수 당하고 마는 말

2

잘 익은 보름달 한 알 톡 따서
너인 듯
홑적삼 사알살 벗겨 내고
달의 어혈 든 어깨 죽지
궁글궁글 궁글려

너만 알아들을 수 있는
말, 달의 향기 같은

꽈리달을 불다

어떤 순장

아버지는 젓갈을 좋아해
오징어젓, 황세기젓, 멸치젓 꼭 챙기시네
제 몸 낱낱이 찢어 내지 않고는
살아 낼 수 없는 놀이,
유통기한 없는 그 짭조름한 삶을
간간이 들여다보시는지

아버지는 젓갈을 좋아해
입맛 잃은 세상에 구미 확 당기는
죽어서 더욱 생생한
그 골코름한 죽음을
조금씩 음미하시는지

펄펄 살아 죽은
비린 생애 식탁 가득 차려 놓고
곰삭은 삶을 탐미하시는지

바람의 거처

가지들이 전율한다, 줄, 탁,

어미 목木 옆구리를 뚫고

깨어난 잎새,

주둥이 쩍 벌려

햇살 젖 함빡 받아먹고

초록 발자국들

징자방자 … 찍어 놓았다

대형할인마트에서

모쪼록 이곳에 세팅되어지려면
쿨하게 너를 지워,
텁수룩한 개성은 너무 튀잖아
본색은 지우고 고분고분
모서리는 깎아 각을 맞춰
우리 삶의 바코드는 오직 하나,
냉큼 진열대 위로 올라가 줄맞춰 섯!
바코드에 낙인찍히지 못한 사상은
품질을 인정받을 수 없지
끼리끼리, 패거리패거리
납작, 엎드려
무르팍에서 뿌리가 돋아날 때까지

진열대마다 봉화처럼 피어오르는
우렁찬 합창,
대형할인제국은 늘 생기발랄하다
비로소 한통속이다

덩굴손 경전

한 번 발붙이면
결코 아래를 내려다보지 않는
덩굴손들의 부흥회

세상에 오르지 못할 허공은
없나니

제가 만든 오랏줄로
제 몸을 꽁꽁 포박하며
허공을 애타게 갈구하는

덩굴손들이 와르르
지하철에서 쏟아져 나온다

바람의 제국

모든 것이 출렁거렸지만
아무것도 일렁이지 않았다
백만 대군의 바람이 진군해 온다는
정찰병 은사시나무의 성마른 수다만 쩔렁댈 뿐
바람은 늘 뿌리에서 일었다
저마다 제 뿌리 쓰다듬느라
적막한 숲에서

새파란 직립을 본다,
집요하게 나무를 감아 오르는 덩굴손의
작은 손바닥들이 향하는 우듬지
아슬하다!

23.5도 기울어진 하늘을 이고
구조 조정된 잔가지들의 비명이
떨어져 내린다,
숲이 덜그럭거린다
고장 난 스피커의 잡음처럼

본말은 흐리고, 전도는 자명했다

피어라, 흉터

화순 공룡화석지에서
한 흉터에서 한 흉터로 건너간
발자국들을 본다, 살아 있는
수수만년 쥐라기의 전설

어떤 불안에 놀라 우루루 몰려가다
포개지고 짓밟히면서
긴급하게 타전했을
저 거대한 질문

크다
내 몸에 핀 너의 발자국
네 가슴에 피었을 내 발자국

큰 대답이다,
세상의 모든 흉터는
네가 나를 뜨겁게 건너갔다는
나도 너를 뜨겁게 받아 냈다는

흔적이다

취하다

문門을 열었으니,

죽기 아니면 까무러치기로

한번 붙어 볼까, 요 만만한 세상

멱살 확 움켜잡고

동서남북 모르게

싸대기 올려 부쳐?

치렁한 머리끄덩이 휘어잡고

너 죽고 나 살자

뒹굴어 봐?

문門 닫히기 전에

상처꽃이 피었습니다

언제부터 그녀가 술래였는지
궁금할 건 하나도 없다,
그 숲에 접목되기 위해선
–꽃이 피었습니다!
주문을 외야만 문이 열리는 이상한 나라
늘 한 박자씩 늦는 그녀의
절뚝거리는 걸음걸이로는
따라잡을 수 없는 비자나무, 후박나무
발 빠르게 어깨동무하고 한세상 이루는
백련사 초입에서
누가 그녀의 주문에 마법을 걸었는지
–상처꽃이 피었습니다!
숲은 열리지 않고,
시침 딱 떼고 돌아앉은 만덕산

끝내 숲을 열지 못한 그녀
몸 안에 길을 잔뜩 품고
스스로 숲이 되어 서 있다

무슨 기호처럼 펄럭이는
강진 백련사 혹부리 동백나무

명옥헌 엘레지

앞뜰 뒤뜰 울을 둘러
화르르 피워 올리는
배롱꽃 탑

섣달 열흘
화염에 휩싸인 저 징헌 짝사랑이라니

명옥, 늑골을 타고 번지는
울음의 다비식인가
연못 가득 피어오르네

제 몸 다 태우고서야
비로소 짓는
집 한 채!

등으로 오는 사람

모든 씨앗의 등을 두드려
트림을 시키는 봄은
오목가슴에 얹힌 겨울을 털어 내는 게 아니라
변종 바이러스를 유포한 셈이다
사방천지 켁켁 터지는
꽃들의 기침 소리

그때
내 몸을 빠져나간 것도
동그랗고 세모지고 네모난
나였다, 너였을지도

우리는 서로에게 감염되었다

하여,
너 또 등 돌리고 간다 해도
더는 뼈아픈 그리움일랑 없겠다
사래 들린 미련일랑 없겠다

소리의 초유初乳/初有를 향한 시적 모색

고진하 시인

인간은 유한하고 불완전한 존재이다. 시는 인간의 이런 원초적인 조건을 드러내는 데서 출발한다. 그렇다면 우리가 시를 쓴다는 것은 인간의 결핍 혹은 근원적인 결함에 대한 판단 이외에 다름이 아닐 것이다. 영국 시인인 윌리스 스티븐스가 『우리들 풍토의 시』에서 "불완전한 것이 우리의 낙원이다."라고 말한 까닭 역시 그런 인간의 결핍을 긍정한 결과인 것이다. 이어지는 시구에서 그는 "보아라, 불완전한 것이 우리 안에서 아주 뜨겁다"고 말한다. '불완전한 것이 우리 안에서 아주 뜨거운'

삶을 스티븐스처럼 긍정하든 아니면 부정하든, 시인들은 그런 삶을 기꺼이 살아 내는 존재들이며, 그런 삶의 경험들을 기억 속에서 불러내는 존재들이기도 하다.

김미승 시인 역시 그런 인간의 원초적 조건을 "암전."(「너는 모딜리아 풍으로, 나는 달리 풍으로」)라고 토로한다. 이처럼 우리 삶의 무대 위에 조명이 꺼지는 '예고 없는 암전'의 삶은 인간이 지고 가야 할 고단한 '짐'이기도 하다. 시인은 어느 날 옷장을 정리하다가 그것을 발견한다.

> 버릴 옷들이 수북하다 늘어지고 색 바랜
> 헐렁해진 이력들이 한 짐이다
> 삶이 짐 투성이었는지 짐이 삶의 중력이었는지
> 한풀 꺾인 열기가 감나무 잎사귀로 숨어드는
> 가을, 비울 일로 가득한
> 아침 식탁처럼 별 그럴 만한 것도 없이 수고로운 날들
> 무얼 어쩌겠다고 이 많은 허물 껴입었는지
> ……
> 나는 또 갈팡질팡이다,
> 무언가 내려놓는 일이 아직 수월치 않다

……

부려야 할 짐과 다시 지고 갈 짐 사이에서

—「짐」 부분

색 바랜 옷들을 보며 그것이 비록 '헐렁해진 이력들'이지만, 그 또한 '짐'으로 인식된다. 아마도 그 짐은 '기억의 짐'일 것이다. '가을'이라는 계절은 '비움'의 본보기를 보여주지만, 욕망하는 자인 시인은, 더욱이 불가능한 것에 대한 욕망을 꿈꾸는 시인은 그 기억의 짐을 내려놓기가 쉽지 않다고 고백한다. "부려야 할 짐과 다시 지고 갈 짐 사이"라는 표현은 낡은 옷가지처럼 단순한 짐이 아니라 욕망하는 자인 시인의 욕망이 내포된 짐으로 보여진다. 시인이며 비평가인 옥타비오 파스의 말처럼 '시는 실재에 대한 배고픔'이기 때문에, 시인이 그런 배고픔을 채우고픈 욕망을 내려놓는다면, 그것은 시인의 삶을 포기하는 것일 수밖에 없지 않겠는가.

그러나 '실재에 대한 배고픔'을 채우고픈 시인의 욕망은 현실 앞에서 좌절을 겪곤 한다. 시인은 본래 '날개 돋친 클라이맥스'를 꿈꾸는 존재였다. 날개가 돋아야 하는 까닭은 '실재'로 날아오르기 위함이다. 하지만 '접신한 무당' 같은 어머니는 딸에게 '한쪽 날개가 꺾였'다고 경고한다. 처음엔 어머니의 말에 '내가 언제 새였더냐'고 어깃장을 놓지만, 시인은 '날개 꺾인 것들이 모여 사는' 현실을 긍정하지 않을 수 없다.

날개 꺾인 것들이 모여 사는
이곳은 바닥, 날개 대신 두 발을 형벌로 받았지
그러니까, 제 아무리 크낙한 날개를 가진 새라도
나보다 더 오래 달리진 못하지

저 봐,
하늘 길도 바리케이드 투성인지
바닥을 향해 곤두박질하는
새대가리들 툭, 툭

그것 봐, 절정은
날개 돋친 클라이맥스가 아니라
하늘을 꼬나보며
발이 안 보이게 내달리는
바로 여기,

–「절정」 부분

'날개 꺾인' 존재들은 이제 더 이상 '실재'를 향해 날아오르지 못한다. '발이 안 보이게 내달'리는 일밖에 다른 방편이 없다. 여기서 발이 안 보이게 내달린다는 말은 가속加速의 문명의 포로가 된 현대인을 연상하면 될 것이다. '장마 뒤 소독차 같은 사랑'도 잃고, 실재를 향해 날아오를 욕망의 날개도 꺾이고, '날개 대신 두 발'로 어디로 가는지 정처도 모르는 채 그냥 질주하고 또 질주할 뿐인! 이처럼 문명의 포로가 된 이들은 모르지만, 그래도 다행히 시인은 그것을 자각하고 있다. 그것은 곧 '발이 안 보이게 내달'릴 수밖에 없는 현대인들이 받는 '형벌'이라는 것을!

하지만 그런 자각이 시인을 자유롭게 하는 것은 아니다. 「자전거 위의 생」에서 시인은 그것을 아주 솔직하게 고백한다.

> 사는 동안 내가 한 일이란 그때나 지금이나
> 중심 하나 제대로 못 잡는다는 사실,
> 앞서거니 뒤서거니 시간의 바퀴살에 끼여
> 거꾸러지다 진창에 처박히다

이처럼 가속의 문명, 그 '시간의 바퀴살에 끼여' 중

심을 잡지 못하고 휘청거린다는 시인의 고백은 시인에게만 해당하는 사항은 아니다. 대부분의 현대인들이 여기서 자유롭지 못하다. '실재에 대한 배고픔' 조차 없이 하루하루 허덕거릴 뿐이다. 시인이 자전거에 빗대어 중심 하나 제대로 잡지 못한다고 자기의 속내를 드러내는 까닭은 동시대인들의 존재의 궁핍을 드러내려 함이다. 더욱이 '자資' 가 '본本' 이 된 자본주의 세상 속에서 중심축을 잃어버린 현대인들은 존재의 고유성마저 상실해 버렸다.

모쪼록 이곳에 세팅되어지려면
쿨하게 너를 지워,
텁수룩한 개성은 너무 튀잖아
본색은 지우고 고분고분
모서리는 깎아 각을 맞춰
우리 삶의 바코드는 오직 하나,
냉큼 진열대 위로 올라가 줄맞춰 섯!
바코드에 낙인찍히지 못한 사상은
품질을 인정받을 수 없지
끼리끼리, 패거리패거리
납작, 엎드려

무르팍에서 뿌리가 돋아날 때까지

—「대형할인마트에서」 부분

'쿨하게 너를 지워' 라는 말에서 드러나듯이, 오늘날 천민자본주의 위세는 인간 각자가 천부적으로 타고난, 존재의 고유성마저 말살시킨다. 모든 사물과 생명은 저마다 본디의 빛깔을 지니며 본디의 꼴과 바탕이 있다. 그러나 살아 있는 모든 사물과 생명을 상품화하는 오늘의 현실은 '본색은 지우고 고분고분' 할 것을 강요한다. '우리 삶의 바코드는 오직 하나,/냉큼 진열대 위로 올라가 줄맞춰 섯!' 이런 명령어는 소위 '대형할인제국'의 법에 다름 아니다. 이런 명령에 '납작, 엎드' 리지 않으면 제국의 신민일 수가 없다. 따라서 현대인들은 제국에서 추방되지 않기 위해 '무르팍에서 뿌리가 돋아날 때까지' 납작 엎드리는 굴종에 익숙해질 수밖에 없는 것이다.

시인은 어느 아파트('어울림' 이란 이름을 단 아파트) 앞을 지나다 본색을 지운 채 획일성의 감옥에 갇힌 현대인의 삶을 목도한다. 시인이 삶을 만지는 예민한 촉수로 더듬어 본 그곳은 '거미들의 집' 이다. "평생 거미줄만 치다/한 채의 집도 짓지 못하고/스스로 수인의 방에 갇혀 버린/아하, 저곳은 거미들의 집/평생 똑같은 패턴으로/내장된 기억만을 뜯어먹고 사는/거미남자/거미여자." 이 시구는 단지 아파트 같은 삶의 공간에 대한 지적만이 아니다. 물론 공간이 그곳에 똬리 튼 이들의 삶을 규정하지 않는 것은 아니지만, 시인은 과거 어느 때보다 점점 더 규격화되고 획일화되어 가는 현대인의 병적 의식을 비판하고 있는 것이다. 시인이 현대인의 병적 의식을 비판하는 것은 엄밀히 말해, '나'라는 주체의 죽음을 보고 있기 때문이다. 살아 있는 모든 존재들은 시간[크로노스]을 외면할 수 없기에 육체의 소멸이라는 죽음의 운명을 피할 수는 없다. 하지만 우리가 똑딱거리는 시계시간[cronos, 크로노스]에 지배받지 않고 영원한 현재의 시간[kairos, 카이로스]를 누릴 수 있다면, "크로노스의 아가리 속으로 소멸해 가는" 주체 상실은 피할 수 있을 것이다. 「매춘의 날들」이라는 시를 보면, 시인은 생존을 위해 자기 영혼을 팔고 있다며 고통을 호소한다.

문득, 생각건대
살기 위해 시간을 파는 것과
몸을 팔아 삶을 연명하는 매춘이

무슨 차이가 있나
어느 날엔가 한 치 앞의 죽음도 모른 채
여전히 생을 팔고 있을
소복단장한 삶이여

이런 시구를 읽다 보면, 참 시인이 과민하다는 생각을 하게 되지만, 이런 과민한 감성의 촉수가 살아 있어 시인은 점차 사막화되어 가는 이 불모의 세상을 적실 시냇물을 흐르게 할 수 있는 것이 아닐까. '내 가난한 마음 자주 범람하여' '목까지 차오른 세상의 독기/울컥 울컥 쏟아'(「슬픈 사랑」 부분)내는 존재가 곧 시인이기 때문이다. "사는 일은 사력을 다해 우는 일/바람은 나뭇잎을 울고, 벌 나비는 꽃을 울고/구름은 비를 울고,/나는 너를 울 일밖에".

그러나 시인이 호소하는 자기상실의 슬픔은 우는 것으로 해결되지 않는 것 같다. 그래서 시인은 '오랫동안 실종되었던 그녀'를 찾아낸다. 여기서 '그녀'는 화자 자신으로 보인다.

오랫동안 실종되었던 그녀,
천 년의 형벌을 받고 바위에 눌린 괴물처럼

장롱 밑바닥에 깔려
무너진 수평을 버티고 있었다
사진 속의 그녀는

어느 날
열사의 바람이 불어닥치고
세상은 푸석푸석 말라 갔다
모래바람이 그녀의 입을 틀어막고
음부를 틀어막았다
젖꼭지에서 모래가 흘러내렸다
그녀는 서서히 풍화되기 시작했다

자궁을 적출한 그 여자
모래 시간 속에서
모래 아이를 낳고

– 「모래 여자」 부분

'모래 시간 속에서/모래 아이를 낳' 는 존재의 풍화! 어떤 여성이 이런 존재의 풍화를 견딜 수 있겠는가. 여기서 '모래 아이' 를 상징적 표현으로 읽는다면, 그것은 여성성의 상실을 드러내고자 함이 아닐까. 여성성의 상실은 천민자본주의 문명이 야기한 '모래 시간' 때문이다. 이 모래 시간은 인간이 자기를 성찰할 시간마저 앗아가 버렸다. 시간의 여백이 사라지면 존재의 여백도 사라진다. 존재의 여백이 사라지면 또다시 자기상실의 고통에 직면하게 된다.

시인은 어느 날 '화장을 지우다' 문득 '나는 누구의 얼굴로 살다 왔나' 하는 회한에 사로잡힌다. 오른쪽 반이 나인지 왼쪽의 반이 나인지 회의하면서 '나'를 그렇게 살도록 조종한 존재를 '아수라'라고 명명한다.

일 년 삼백육십오 일
결박당한 붉은 동그라미 친 달력 속을 빠져나와
아수라를 벗어나고 싶다, 그 대가로
내 부끄러운 뿌리 하늘로 쳐들고
거꾸로 서서 소심하게 말라 가는
장승으로 서더라도
1초만, 온전히 고독해지고 싶다 나는

여기서 시인은 자기상실의 고통에서 벗어나기 위해 '고독'을 선택하겠다고 선언한다. 너무도 당연한 선택이다. 고독은 곧 창조성을 선물하기 때문이다. 시인이 고독을 선택하려는 것은 자기상실의 고통 때문이지만, 천민자본주의에 물든 오늘의 왜곡된 시대정신은 시인의 고독마저 허락하지 않는다. 시인이 갈망하는 고독은 '외로움'과는 다르다. 자기 주변이 텅 비어 있다고 느끼는 감정이 외로움이다. 그건 톱날에 잘린 나뭇가지처럼 소통의 단절에서 오는 괴로움이다. 다시 반복하자면 "외로움은 자기 주변으로 좁혀 들어오는 것이고, 고독은 무한을 향해 뻗어 나가는 것이다."(켄트 너번) 그러니까 지금 시인은 어떤 신학자가 말한 것처럼 '홀로 있음의 고통'인 외로움이 아니라, '홀로 있음의 영광'인 고독의 내실로 들어가기를 갈망하고 있는 것이다. 오늘날 우리가 사는 세상은 숱한 소통의 기기가 발달되어 온라인으로 쉴 새 없이 지저귀며 온갖 가상의 만남을 갖고 살아가지만, 역설적으로 인간의 자기소외는 더욱 심해져 실제로 '홀로 있음의 고통'을 호소하는 현상이 만연하지 않던가. 이런 점에서 시인은 자기 영혼의 촛불이 꺼지지 않도록 방패막이가 되어 줄 '고독'이라는 보호구역을 필요로 하는지도 모른다. 앞서 말했지만 고독은 우리를 치유할 뿐만 아니라 창조성까지 선물한다. 위대한 시인이나 예술가, 수도자들은 모두 고독 속에서 뛰어난 삶의 걸작들을 꽃피울 수 있지 않았던가.

건물 옆 자투리땅 잡초 더미에서
콘크리트 벽을 타고 오르는 덩굴줄기
손 잡아 줄 손 하나 없는데
무시로 천 개의 손을 흔든다

저 당돌한 말 걸기,
천길만길이라도 가닿고 싶은
달이 풀어놓은 실꾸리처럼
날것의 고독이 깊다
……
너였구나, 으스러지게 껴안고
육십 촉 전등을 켜고 싶은
저녁 모서리 어디쯤,

－「접속」 부분

고독을 갈망하는 시인은 어느 날 벽을 타고 오르는 어떤 식물의 '덩굴줄기'가 당돌하게 말을 거는 것을 느끼고, 그 식물에서 '천길만길이라도 가닿고 싶은' 사무치는 '날것의 고독'과 접속된다. 문명과의 접속에서 외로움과 자기상실의 고통을 받았던 시인은 자연의 손길에서 위무를 얻고 삶의 생기를 되찾는다. 「강물의 칸타타」라는 시편은 인간이 자연과 어우러질 때 비로소 존재의 본색에 닿을 수 있음을 노래하고 있다. '악사' 로 표현되는 강물은 문명에서 지친 이의 '어깨를 두드리며' 자기상실로 고통 받는 존재의 '기슭을 치며 물의 음계를 연주' 해 준다. 그때 비로소 '강물 속에는 천 개의 목소리가 흐르고' 강물과 교감하는 이의 '얼굴 위로 강물이 흐른다'.

어떤 비평가가 '시는 끊임없이 창조하는 리듬 이외에 그 어떤 것도 아니다.' 라고 했는데, 김미승 시인이 창조하는 시의 리듬이 생동할 때는 자연과 접속할 때가 아닌가 싶다. 서로의 고독을 간섭하지 않는 자연과 '주거니 받거니/고독의 잔을 건' 넬 때, 아름다운 수선화 같은 꽃 한 송이 낚아 올릴 수 있기 때문이다(위의 시 참조). 어린 시절의 기억을 더듬어 쓴 다음의 시편을 보면, 시가 한 송이 꽃처럼 피어날 때는 교향곡 같은 음악으로 일어선다.

곤한 잠 속으로 리드미컬하게 흘러드는
어머니 쌀 씻어 안치는 소리,
새벽이 깨어나는 소리

목구멍이 열리는 소리
한 방에 얽혀 자고 있던 우리 사남매
어머니의 현란한 지휘에 맞춰
새벽을 연주하곤 했네
잠의 바다를 아다지오로 건너오는 둘째
울다 웃다 알레그로로 꿈과 생시를 자맥질하는 셋째
낮 울음의 끝자락이 밤새 도돌이표를 오가는 막내까지
엎치락뒤치락, 새벽 어스름 속에서
담배 연기 빠끔빠끔 악보를 그리는 아버지
우리는 사름교향곡을 연주했네
그 교향곡 슬그머니 담장을 넘어
윗집 아랫집 잠귀 죄다 열어 놓았나
골목 협연이 시작되면
까치발로 기웃대는 쌀뜨물 벼락을 맞은
모과나무 석류나무도
소리의 초유初乳 꿀떡꿀떡 삼키곤 하는 것이었네

–「사름교향곡」 전문

시의 제목인 '사름교향곡'이란 말은 아마도 시인이 만든 조어일 것이다. 이 아름다운 시 속에는 앞의 시편

들에서 보듯이 고통스런 '기억의 짐'은 없다. 적어도 이 시편에서 시인은 기억의 짐으로 고통 받지 않는다. 오히려 평범한 한 가족의 새벽이 연주하는 음악 속엔 생동하는 환희가 넘쳐난다. 그 환희는 곧 '소리의 초유初乳'로 표현된다. 진정 살아 있는 목소리의 거부가 쓴 시라면 그것은 '소리의 초유初乳'일 것이다. 그런 '소리의 초유初乳'는 '초유'初有의 소리이기도 할 것이다. 김미승의 표현처럼 그것이 '쌀뜨물 벼락을 맞는' 것일지라도 우리가 쓰는 시들이 이처럼 '소리의 초유初乳/初有'일 수만 있다면 얼마나 좋겠는가.

김미승의 이번 시집은 시의 진폭이 넓다. 천민자본주의를 몸으로 겪으면서 느끼는 삶의 불모성, 자기 소외와 자기상실의 고통, 고독에의 갈망 등 많은 주제들을 다루고 있다. 하지만 시의 진폭이 넓다는 것이 반드시 의식의 확장을 뜻하지는 않는다. 그의 시가 여성 특유의 모성성을 품고 세상에 '소리의 초유'를 먹이는 지경으로 나아가려면, 지금보다 더 큰 삶의 용기를 가지고 '세상의 모든 흉터'(「피어라, 흉터」)를 받아낼 수 있어야 할 것이다. 그 흉터는 '네가 나를 뜨겁게 건너갔다는/나도 너를 뜨겁게 받아' 낸 흔적이기 때문이다. 김미승은 그 흔적을 사랑하는 일, 그것이야말로 시인의 할 일이라고 여기는 듯하다.

물론 시인은 언제나 '세상의 말로는 다 말해질 수 없는말', '너에게 닿지 못하는'(「꽈리달을 불다」) 말의 한계 앞에 부딪힐 수밖에 없다. 그렇다. '늘 혀끝에서 참수 당하고 마는 말'의 한계를 살 수밖에 없는 것이 시인의 운명이기도 하지 않던가. 그러나 김미승 시인은 말과 침묵 사이에 그렇게 서성이면서도 그 말을 포기할 수는 없다. '너만 알아들을 수 있는/말, 달의 향기 같은/꽈리달을 불'어야 하기 때문에!

김미승

전남 강진에서 태어나, 광주대 문예창작과를 졸업하고 광주에서 살고 있다. 1999년 계간 『작가세계』로 등단하여 작품 활동을 하고 있으며, 시집으로 『네가 우는 소리를 들었다』를 펴냈다.

e-mail | misuk0222@hanmail.net

문학들 시선 028

익어 가는 시간이 환하다

초판1쇄 찍은 날 | 2014년 11월 20일
초판1쇄 펴낸 날 | 2014년 11월 30일

지은이 | 김미승
펴낸이 | 송광룡
펴낸곳 | 문학들
등록 | 2005년 8월 24일 제2005 1-2호
주소 | 501-841 광주광역시 동구 천변우로 487(학동)2층
전화 | 062-651-6968
팩스 | 062-651-9690
전자우편 | munhakdle@hanmail.net

ISBN 978-89-92680-89-9 03810

· 이 책은 한국문화예술위원회 문예진흥기금을
지원 받아 발간되었습니다.